INHALTSVERZEICHNIS

Papier und Bleistift zur Hand?

Und schon steht dem „kreativen Kochen“ nichts mehr im Wege.

Diese Kartei bietet Anregungen und Ermutigungen zum kreativen Umgang mit Sprache.

Die **auf der Vorderseite** gedruckten Arbeiten sind ausschließlich **Kinderwerke**. Diese sind im Deutschunterricht der Grundschule, in der Freiarbeit (z.B. als Teil der Wochenplanarbeit) oder in Pull-Out-Programmen zum kreativen Schreiben entstanden.

Auf der Rückseite befindet sich eine Punkt-für-Punkt Anleitung für das Kind.
Die Anleitungen sind grundsätzlich so konzipiert, dass jedes Kind ohne Hilfestellung arbeiten kann.

Dazu gibt es methodisch-didaktische Hinweise und Tipps für LehrerInnen, sowie Erfahrungswerte, die sich aus der Arbeit mit Kindern ansammelten.

Einige Vorlagen (z.B. Nummer 5, 18, 23) eignen sich hervorragend als **Enrichment-Ideen** für jene Kinder, die mit dem herkömmlichen Angebot unterfordert sein könnten. Die meisten Vorlagen sind mit der gesamten Klasse durchführbar, eventuell mit unterschiedlichen Hilfestellungen.

Im Sinne der dichterischen Freiheit muss mit unter bei der Groß-, Kleinschreibung und der Interpunktion ein Auge zugedrückt werden.

Sprachinteressierte Kinder greifen immer gerne auf gelungene Strukturen zurück. Sie behalten die „Baupläne" von Elfchen, Zaubersprüchen oder gereimten Akrostichons im Kopf und wollen sie immer wieder zu den unterschiedlichsten Anlässen anwenden.

An dieser Stelle möchte ich mich bei allen Kinderautoren und zukünftigen Dichtern für ihre kreativen Einfälle und witzigen Ideen bedanken.

Brigitte Palmstorfer

1 GEDICHTE RUND UM NAMEN

Was Kinder gerne hätten…

Von Onkel Theodor
ein Abflussrohr,
von Onkel Hubert
ein Lied von Schubert,
von Onkel Dagobert
einen Gutschein mit hohem Wert,
von Onkel Hans
einen Kusin namens Franz,
von Onkel Fritz
einen coolen Witz.

Onkel Klaus kocht mir `nen Schmaus
und nun ist auch die Reimzeit aus.

1. Überlege dir ein paar Namen, die für dich lustig klingen.
2. Das Dichten funktioniert mit langen Namen besser.
3. Schreibe sie auf und suche einen witzigen Reim dazu.
4. Manche Namen wirst du wieder streichen müssen, weil sich beim besten Willen nichts reimt.

L

Auch der umgekehrte Weg ist möglich.

Tafelbild:

Geschenk	**von**
Fernrohr	Onkel Isidor
Maus	
Polstersitz	
Rock aus China	

2 Gedichte rund um den EIGENEN NAMEN

B esonders gern spiele ich Computer.
E lefanten gefallen nicht nur mir, sondern auch meiner Mutter.
R auchen finde ich schlecht.
N iemals tu ich`s – das ist recht.
D as war alles über mich - STRICH.

N ina ist mein Name.
I st doch klar, dass ich alles plane.
N atürlich mache ich gern Sport.
A ber leider muss ich in den Hort.

1. Schreibe die Anfangsbuchstaben deines Namens in BLOCKBUCHSTABEN untereinander.
2. Beim ersten Mal verwende die Kurzform deines Namens – falls dein Name eher länger ist.
3. Schreibe in die erste Zeile etwas Interessantes über dich.
4. Die nachfolgende Zeile sollte sich darauf reimen.
5. Schreibe in die dritte Zeile wieder etwas Interessantes über dich.
6. Die nachfolgende Zeile sollte sich wieder reimen.
7. Und so weiter....

L

Kinder mögen die Auseinandersetzung mit ihrem Namen.
Zur Differenzierung ist auch die einfache Variante (Akrostichon ohne Reim) möglich.
Diese Form der Auseinandersetzung empfiehlt sich auch als Abschluss bei Themen aus dem Musikbereich oder des Sachunterrichts.

Beispiele: MOZART
HERBST

3 Sich einen Reim auf Namen machen

Konstantin – wo gehst du hin
Miriam – sucht den Kamm
Edeltraut – sauer schaut
Christian – dummer Mann
Melanie – fährt gern Schi
Eberhard – mit Stoppelbart
Eva-Jutta – tolle Mutter
Claudius – sitzt im Bus
Willibald – schaut, ob ´s knallt
Marianne – Silbertanne
Lorelei – Reim vorbei

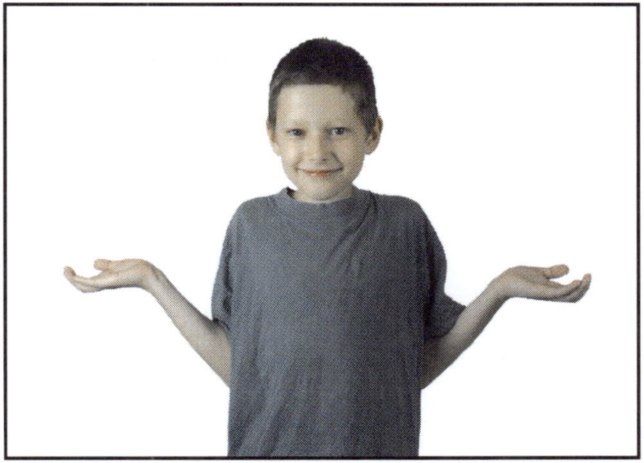

1. Lies dir die Vorderseite der Karteikarte halblaut vor.
2. Schreibe die Namen deiner Freunde, deiner Familienmitglieder oder irgendwelche Namen, die dir gerade in den Sinn kommen, auf. Am besten eignen sich drei- oder viersilbige Namen.
3. Versuche mit drei oder vier 4 Silben einen Reim darauf zu machen.
4. Falls dir bei einem Namen nichts einfällt, lasse frei oder hole dir Rat bei einem Erwachsenen.

TIPP: Manchmal wird dir ein Reim erst später einfallen, zum Beispiel, wenn du einmal darüber geschlafen hast oder nach der Musikschule ...

L

Diese Reimform ist auch sehr gut mit Namen aus anderen Kulturkreisen möglich. Falls sich unter den Namen der Klassengemeinschaft einige partout nicht reimen lassen, empfiehlt sich folgende Vorgangsweise:

Clara und Sophie – lustig wie noch nie

4 NOMEN EST OMEN

oder

Wie die Leute so heißen.....

Ein(e)

Bankier namens Georg Geldmacher
Tischler namens Heinz Holzbein
Rauchfangkehrer namens Rudi Russwurm
Blumenhändlerin namens Birgit Blütenblatt
Fischer namens Fritz Fischauge
Mörder namens Matthias Messerstecher
Briefträger namens Andi Ansichtskarte
Polizist namens Peter Pistolenschuss
Zahnarzt namens Willi Plombe
Maler namens Paul Pinselstrich
Schüler namens ....

1. Schreibe verschiedene Berufe untereinander auf.
2. Suche witzige Vor- und Familiennamen, die mit dem jeweiligen Beruf zu tun haben.

TIPP: Wenn der erste und der zweite Namen mit demselben Buchstaben beginnen, „klingt `s besser".

Bei dieser Arbeit ist eine Vernetzung mit dem Sachunterricht ideal.

Ausgangspunkte könnten sein:

- berühmte Menschen,
- Berufe der Eltern,
- besondere Berufe wie Astronaut, Spinnenforscher,...
- mein Künstlername als .... ,
- Begriffsklärung „Pseudonym",
- ?

5 Auszählreime in bunten Farben

ROT + ROSA + VIOLETT
Wer liegt bei Sonnenschein im Bett?

GELB + BLAU + ROT
In zehn Minuten bist du tot.

SCHWARZ + ROT + WEISS
Rinnt von der Stirn der Schweiß.

GELB + GRÜN + BRAUN
Rotzlöffel, klett´re nicht über´n Zaun.

GOLD + SILBER + ROSA
Ein Auszählreim in Prosa.

1. Schreibe drei Farben auf und setze das Wort „UND“ dazwischen.
2. Bilde auf die dritte Farbe einen witzigen Reim.

TIPP: Manchmal musst du die Reihenfolge verändern, um einen Reim zu finden.

Kinder mögen Auszählreime besonders. Es empfiehlt sich, zuerst bekannte Reime aus dem Kindergarten und dgl. in einem Klassengespräch zu wiederholen und für den Einstieg in einem kleinen Spiel zu verwenden.
Auszählreime klingen auch in anderen Sprachen (türkisch, albanisch,...) anregend und sind relativ leicht zu merken.

Let´s try it in English, too:

BLUE AND GREEN AND RED
Peter, go to bed

6 BEGINNENDE ZUNGENBRECHER

Alle alten Amerikaner atmen anders als alle anderen.

Beide blonden Bauarbeiter brauchen Bananen.

Die dicken Diener des Direktors drehen den Dornröschenfilm.

Eine edle Ente eilt ernsthaft einem Einsiedlerkrebs entgegen.

Fünf fette Fliegen flitzen furchtlos fort.

Gallische Geschütze gewinnen gegen griechische Geschosse.

Hirtenhunde haxeln hurtig hinter heimischen Hosenträgern.

In Indien ist Inge irritiert.

1. Lies bitte die Vorderseite der Karteikarte halblaut.
2. Nun versuche es schon ein wenig schneller. Du hast sicher den Trick durchschaut.
3. Jetzt probiere witzige Wörter mit dem selben Anfangsbuchstaben aneinander zu reihen.

L

Der Ausdruck „Zungenbrecher" sollte vor allem für Kinder mit nichtdeutscher Muttersprache erklärt werden.

Die meisten Erwachsenen assoziieren mit Zungenbrecher „Fischers Fritze fängt...". Für viele Kinder ist die <u>aktive</u> Begegnung neu.

Einfache Zungenbrecher selber zu erfinden, ist jederzeit möglich:

- mit Selbstlauten bzw. im Anschluss an eine entsprechende Unterrichtseinheit,
- mit Verschlusslauten (K; G;).

Die Erarbeitung könnte

- in Kleingruppen,
- als Freiarbeit am Wochen- oder Tagesplan und
- als Herausforderung für Kinder, denen z.B Übungssätze zu einfach sind,

erfolgen.

7 ZUNGENBRECHER

Doppelte:

Wenige wilde Waldameisen waren während der wahnwitzigen Waldwanderung Würstel werfen.
Würstel werfen waren während der wahnwitzigen Waldwanderung wenige wilde Waldameisen.

Zwei Zwerge zwicken zwanzig Zwutschgerl zwischen zehn Zwetschkenkernen.
Zwischen zehn Zwetschenkernen zwicken zwei Zwerge zwanzig Zwutschgerl.

Einfache:

Zornige Zahnärzte ziehen zwei, zehn oder zwölf zickige zitronenverklebte Zähne.
Konrad kann keine Katzen kitzeln und kaum Käfer küssen.
Quälende Quallen quälen qualvoll quiekende Quasimodos.

1. Hast du die Karteikarte Nr. 6 schon erfolgreich versucht?
2. Wenn ja, arbeite bitte weiter. Jetzt wird es ein wenig schwierig.
3. „Richtige" Zungenbrecher lassen sich verdrehen und beginnen beim Verdrehen von hinten.
4. Lies dir deine selbst gemachten Zungenbrecher laut vor!
5. Wenn nötig, ändere sie so, dass du sie gut verdrehen kannst.
6. Spürst du, wie viel deine Zunge dabei zu arbeiten hat?

L

Einen „richtigen" Zungenbrecher werden wahrscheinlich nur besonders sprachbegabte Kinder schaffen.
Fertige Zungenbrecher können den anderen Kindern vorgetragen werden.

Um fehlerfreies Nachsprechen wird ersucht!

8 ABC Sätze

Eine besonders schwierige Form des Dichtens

ELEFANTEN
FUTTERN
GIFT
HINTER
IHNEN
JAGEN
KÜHNE
LÄUSE
MENSCHEN

LAUSIGE
MÄUSE
NAGEN
OHNE
PAUSE
QUARK

1. Überprüfe, ob du das ABC auswendig kannst.
2. „Schneide“ einen Teil des ABC´s heraus und schreibe diesen Teil in BLOCKBUCHSTABEN an.
3. Lass Buchstaben wie „C“ oder „Y“ lieber weg.
4. Wenn du jetzt nur mit Großbuchstaben schreibst, so kann fast nichts mehr falsch sein.
5. Erfinde eine kleine Geschichte.

Diese Anregung ist zur Differenzierung bestens geeignet.

Differenzierung:

- Einige Kinder schreiben das Alphabet in Schönschrift mit Groß- und Kleinbuchstaben auf.
- Einige Kinder erfinden Tiere, Speisen, Namen, ... zum Alphabet.
- Einige Kinder heben Teile des Alphabets, z.B. mit einem Leuchtstift, hervor und schreiben möglichst sinnzusammenhängend (siehe Vorderseite der Karteikarte).

9 „Lebensweisheiten"

Wenn Vampire Schlange stehen,
sollte st du zum Zahnarzt gehen.

Wächst ein Blümchen auf der Wiese,
heißt das Kälbchen Anneliese.

Die Titanic sank sehr schnell,
dann wurd` der Himmel wieder hell.

Geht dein Freund bei dir auf´s Klo,
ist die Mutter schon im Büro.

Steht am Himmel hell ein Stern,
dann ist die Weihnacht nicht mehr fern.

1. Meistens beginnen diese „Lebensweisheiten“ (eigentlich sind es witzige Zweizeiler) mit einem Zeitwort,
   wie

   steht …
   geht …
   brennt … .
2. In die zweite Zeile kommt ein Reim.
3. Vielleicht gelingt es dir, ein wenig Weisheit in deine Reime zu verpacken!

In diesen Zweizeilern steckt eine „WENN - DANN - Relation“.
Die Arbeit eignet sich hervorragend zum Üben der „Wenn- Beistrichregel“.

Für sprachbegabte Kinder stellt das Anwenden in Reimform eine Herausforderung dar.

10 Tierliebeleien (vgl. Praxis Compact 10/2000)

Wenn sich zwei Mambas küssen,
wie die da aufpassen müssen,
weil sie Gift in den Zähnen tragen,
geht es einer schnell an den Kragen.
Wie können die Zwei sich bloß vertragen?

Wenn sich zwei Schmetterlinge küssen,
wie die da aufpassen müssen
mit ihrem staubigen Gewand,
das so weich ist wie Sand.
Die Fühler dürfen nicht kaputt gehen
und verschwinden dann auf Nimmerwiedersehen.

1. Wähle ein Lieblingstier.
2. Stelle dir ein Männchen und ein Weibchen vor, die sich küssen.
3. Überlege weiter, worauf deine Tiere aufpassen müssen.
4. Was könnte passieren, wenn sie es nicht tun?
5. Zeichne dazu!

L

Ausgangspunkt für die „Tierliebeleien" war das Lied *„Wenn sich die Igel küssen,..."*, zu finden in z.B. *„Liebe Lieder, freche Lieder"*, Beltz Verlag.

Liedtexte neu zu gestalten, schaffen sprachbegabte Kinder ohne große Hilfe.
Einige Kinder können die so entstandenen Lieder nachsingen und/oder illustrieren.

11 ZAUBERSPRÜCHE

Grusel, Rambusel und auch ein bisschen giftig

Teufelskralle und Vogeldreck,
Rattenschwanz und Rabenspeck,
Totenkopf und Massenmörder,
wünsch mir trotzdem ´nen Doppelburger.

Schlangenzahn und weißer Hai,
Totenkopf und Kuckucksei,
Spinnenhaare und Drachenglut,
Diesen Reim, den find ich gut.

Maskenmörder und Vampirzahn,
Totengräber und Gockelhahn,
Schneckenschleim und Schlangengift,
Fahre nicht mit dem Geisterlift!

1. Dein Grusel-Rambusel-Spruch sollte vier Zeilen haben.
2. Überlege dir zusammengesetzte Namenwörter, die gruselig klingen (ungefähr 6 Wörter).
3. Verbinde immer zwei Gruselwörter mit UND.
4. Reime den letzten Teil des Wortes.
5. In die 4. Zeile kommt der pfiffige Abschluss.
6. Gruselig???

Kinder lieben Zaubersprüche und gruselige Wortkombinationen.
Diese Reimform ist besonders für Halloween- und Faschingszeiten geeignet.

Die Verbindung mit Deutsch-Sprachbetrachtung (zusammengesetzte Namenwörter, bestimmte Artikel) liegt nahe.

z.B. die Ratte, der Schwanz – der Rattenschwanz
die Schlange, das Gift – das Rattengift

12 ZAUBERSPRÜCHE SELBST GEMACHT,
weil selbst erdacht

Hokus Pokus Drachenei,
mach doch weg die Schweinerei!

Hokus Pokus Löwentatze,
zeig du mir doch keine Fratze!

Hokus Pokus Schlangengift,
komm herbei, du langer Lift!

Hokus Pokus wilder Mann,
jetzt fängt gleich die Party an!

Hokus Pokus walle wolle,
Himmel, spiel doch jetzt Frau Holle!

Hokus Pokus....

Du zauberst sicher gerne. Keine Zauberei ohne einen richtigen Zauberspruch!

1. Viele Zaubersprüche beginnen mit HOKUS POKUS....
2. Hänge an Hokus Pokus ein zusammengesetztes Namenwort ODER ein Eigenschaftswort und ein Namenwort an.
3. Die zweite Zeile sollte einen Reim darauf bilden.

Keine Hexerei!

Jedes Kind kennt Hokus Pokus meist nur in Verbindung mit Sim Sala Bim.
Diese Form des zweizeiligen Zauberspruches lässt sich rasch und lustvoll dichten.

Zusammengesetzte Namenwörter bzw. Eigenschaftswort plus Namenwort können so spielerisch gefestigt werden.

Anwendung:

- Zaubersprüche als Sprechblasentexte von Faschingsfiguren, ...
- Sammeln der Sprüche in einem „Klassen – Hexenbuch" und
- Einleitung für ein Spiel

13 KNACKIGE ZAUBERSPRÜCHE

Knister Knaster Knoblauchsaft
gibt den schwächsten Kindern Kraft.

Knister Knaster Knäckebrot
schießt er alle Hasen tot.

Knister Knaster Knochensand
grausig Bein kommt schnell gerannt.

Knister Knaster Knopflochrand
wirst du in die Höll´ verbannt.

Knister Knaster Kniesebein
auch Hexen können Freunde sein!

1. Suche zusammengesetzte Namenwörter, die mit Kn______ beginnen!
   TIPP: Knall_________, Knochen_______, Knet_________, ...
2. Setze Knister Knaster an den Anfang und anschließend dein Kn____Wort.
3. Versuche in der zweiten Zeile einen witzigen Reim auf das letzte Wort der ersten Zeile zu finden.

L In einer Kleingruppenarbeit können die Kinder zusammengesetzte Namenwörter mit Kn______ beginnend auflisten und diese dann der Klasse vortragen.
Es empfiehlt sich, die gefundenen Wörter auf der Tafel zu notieren.
In Einzelarbeit oder Partnerarbeit können so zweizeilige Reime oder Zaubersprüche entstehen.

14 VERGLEICHSGEDICHTE

„Bewegen"

Manchmal möchte ich mich bewegen
wie ein Fisch im Wasser,
wie eine Schneeflocke im Winter,
wie ein Affe im Dschungel,
wie ein Vogel in der Luft,
wie ein Tiger in der Freiheit,
wie eine Rakete im Weltall.

„Freuen"

Manchmal möchte ich mich freuen
wie ein Eskimo in der Sonne,
wie ein Mensch im Schlaraffenland,
wie ein Computer nach dem Stromausfall.

1. Überlege, was du gerne tust! Vielleicht
   bewegen,
   faulenzen,
   freuen ?
2. Wähle ein Zeitwort als Überschrift/Thema für dein Gedicht aus und beginne mit diesem in der ersten Zeile:

   ____

   Manchmal möchte ich ____________
   wie ein ______________
   wie ein ______________
3. Denke in Bildern und versuche besondere Lösungen zu finden.
4. Hast du Lust, einige Vergleiche zu zeichnen?

Einige Zeitwörter eignen sich besonders (Bewegungswörter, Ruhewörter, Gefühlswörter), andere wiederum lassen fast keine Vergleichsbilder zu.

TIPP: Mitunter ist es notwendig, Kindern vorweg zu erklären, dass ein Gedicht sich nicht zwingend reimen muss.

15 Die Logik der lyrischen Aussage (vgl. Grundschulmagazin 10/2000 , S. 15 ff)

Skaterpark

Im Skaterpark skaten.
Nichts sehen als die Halfpipe.
Nichts hören als das Rollen der Räder.
Nichts fühlen als die irre Geschwindigkeit.
Zwischen zwei Rampen glauben -
nun ist bald das Finale.

Autofahrt

Im Auto sitzen.
Nichts sehen als Landschaft.
Nichts fühlen als stickige Luft.
Nichts hören als das Motorengeräusch.
Zwischen zwei Sitzen glauben -
nun wird mir schlecht.

1. Stell dir einen Ort vor, an dem du gerne bzw. gar nicht gerne wärst.
2. Überlege dir, was du dort siehst, fühlst, hörst,...
3. Dann erstelle einen Bauplan für dein Gedicht:

   ____
   In den ________sitzen
   Nichts sehen als__________
   Nichts fühlen als__________
   Nichts hören als__________
   Zwischen zwei__________ glauben -
   nun______________.

4. Fülle nun - vielleicht mit einer anderen Farbe - die Lücken.

Beim ersten Mal ist es zweckdienlich zahlreiche Baupläne bereit zu stellen. Einige Kinder werden mit ihren Arbeiten nicht gleich zufrieden sein, oder können gar nicht mehr aufhören und verbrauchen so mehrere Baupläne.

Da diese Textform die Sinne mit einbezieht, empfiehlt sich eine Querverbindung zum Sachunterricht oder aber auch zu Ereignissen wie Schulausflug, Theaterbesuch,....

Aus den Aussagen der Kinder lässt sich einiges herauslesen - was ihnen gefiel, was ihnen unangenehm war, usw.

16 Weihnachten - ein wenig anders

Oh Tannenbaum, oh Tannenbaum,
die Oma sitzt im Badeschaum.
Da läuft das Wasser dann davon,
die Oma rennt zum Telefon.
Oh Tannenbaum, oh Tannenbaum,
die Oma sitzt im Badeschaum.

Oh Wasserhahn, oh Wasserhahn,
sie ruft die Feuerwehr dann an.
Ob sie ihr Wasser leihen kann,
denn sonst ist sie ganz schrecklich dran.
Oh Feuerwehr, oh Feuerwehr,
ich brauche Wasser – gebt es her!

Du kennst sicher das Lied „Oh Tannenbaum, oh Tannenbaum, wie grün sind...“

1. Falls dir der Liedtext zu langweilig erscheint, könntest du ihn umdichten.
2. Summe die Melodie und finde völlig neue Worte.

TIPP: Für die 1. Zeile brauchst du ein 3-silbiges Wort und schon geht es los.

z.B. Oh Sauerkraut ...
Oh Schaukelpferd ...
Oh Luftballon ...

Volksschulkinder lieben das „Abstrusen“ von bekannten Liedern und einfachen, ins Ohr gehende Melodien.

Zum Einstieg empfiehlt sich

- das Lied zu singen,
- den Liedtext als Lückentext anzubieten oder
- mit dreisilbigen Namenwörtern die erste Zeile zu füllen.

Beim Anpassen des Liedtextes an die Melodie brauchen einige Kinder sicherlich Hilfe. Andere jedoch werden in Partnerarbeit oder Gruppenarbeit erfolgreich dichten.

17 BEKANNTES verändern

Es war einmal `ne Maus,
die hatte ein großes Haus.

Das Haus war ihr zu klein,
da sucht´ sie sich ein Heim.

Das Heim war ihr zu kalt,
da lief sie in den Wald.

Der Wald war ihr zu groß,
da baut´ sie sich ein Floß.

Das Floß war ihr zu rund,
da traf sie einen Hund.

Der Hund war ihr zu wild,
da zog sie an `nen Kilt.

Der Kilt war ihr zu eng,
da macht´ das Röcklein peng.

Der Peng war ihr zu laut,
da zittert´ ihr die Haut.

Die Haut war ihr zu glatt -
Schluss – nun bin ich wirklich platt.

1. Lies dir das Lied auf der Vorderseite der Kartei halblaut vor.
2. Du hast sicher bemerkt, dass immer 2 Zeilen einen Reim ergeben.
3. Hast du auch bemerkt, dass das letzte Wort des zweizeiligen Reimes auch immer das erste des neuen Reimes ist?
4. Dein Liedgedicht kann viele kleine Strophen haben.
5. *„Es war einmal"* wäre ein guter Beginn....

Ausgangspunkt ist das Lied: *„Es war einmal ein Mann, der hatte einen Schwamm...."* Das neue Werk sollte im Bestfall eine surreale Geschichte ergeben und auch ein witziges Ende haben.

Einige Kinder werden mitunter Hilfe brauchen.

18 Witziger als das Original (Quelle ging verloren)

Eins, zwei, drei,
Zauberei,
Frühstückstisch -
herbei, herbei!

Kroleschrot,
Butterbrot!
Rinkelwei,
weiches Ei!

Schluderweck,
feinster Speck!
Wickelwemmel,
Honigsemmel!

Schrolleweh,
Milchkaffee!
Ruckelknauf,
Sahne druf!

Ist das nicht
wundervoll?
Schmeckt das nicht
wirklich toll?

Eins, zwei, drei,
Zauberei!
Frühstückstisch,
leckerer Fisch!

Kroleschrot,
Butterbrot!
Rinkelwei,
faules Ei!

Schluderweck,
feinster Speck!
Wickelwemmel,
Buttersemmel!

Schrolleweh,
dickste Fee!
Ruckelrauf,
Krone auf!

Ist das nicht
wundervoll?
Schmeckt das nicht
nach Blumenkohl?

1. Decke das rechte Gedicht mit einem Blatt zu.
2. Lies das linke Gedicht beim ersten Mal halblaut.
3. Reime beim zweiten Mal die letzte Zeile jeder Strophe neu!
4. Decke nun die linke Seite ab!
5. Vielleicht hast du ähnliche Reime gefunden. Vielleicht sogar noch witzigere?
6. Wenn du Lust hast, schreibe das veränderte Gedicht auf!

L

Zum Einstieg ins selbstständige Dichten empfiehlt sich

- ein originelles, einfaches Gedicht auszuwählen,
- Reimstellen, z.B. durch Markieren, herauszufinden,
- einzelne Reimstellen zu verändern und mehrere Lösungen finden zu lassen.

19 „WERBUNG“ selbst gemacht

Waschmaschinen stehen lieber am Balkon.

Waschmaschinen rosten schneller mit Calgon.

Flüchten Sie vorm Löwen – es zahlt sich aus!

Haribo macht Omis froh und die Opis ebenso.

Hier bin ich Mensch, hier spuck ich rein!

Willst du gelbe Zähne haben, musst du nur nach Elmex fragen.

Willst du einen Kredit gar haben, darfst du nicht bei BAWAG fragen.

Katzen würden Whisky saufen und sicherlich kein Whiskas kaufen!

Du kennst sicher einige Werbesprüche. Schreibe sie auf!

Möglichkeit 1: Du veränderst die Werbesprüche ein wenig, so dass sie eher eine ANTI Werbung ergeben. (*anti = gegen*)

Möglichkeit 2: Du überlegst dir Dinge, die dir wichtig sind und versuchst selbst einen Werbespruch zu dichten.

L

Eine Vernetzung von Themenbereichen des Sachunterrichts mit Werken/Produktgestaltung und Bildnerischer Erziehung bietet sich an:

- Verschiedene Formen der Werbung
- Wie muss ein Werbespruch sein, damit ihn jeder im Kopf behält
- Meine persönliche Meinung zu Werbung
- Bedeutung von Werbung usw.

20 JA, GIBT ES DENN DAS?

Zischende Fische – plärrende Bären – reimende Schweine – kratzende Katzen – schlafende Schafe – hechtende Spechte – löschende Frösche – rasende Hasen – mühende Kühe – zischende Fische – schnatternde Nattern – kehrende Bären – lachende Larven – spinnende Finnen – schäumende Bäume – ...

KANN DENN HIER GEHOLFEN WERDEN?

✏ Hechtende Spechte und plärrende Bären kann man mit Hafer und Zucker ernähren.

✏ Schnatternde Nattern und lachende Larven brauchen den Klang von himmlischen Harfen.

✏ Löschende Frösche und zischende Fische brauchen Nelken, aber frische.

✏ Kratzende Katzen und rasende Hasen essen gerne knusprige Nasen.

✏ Spinnende Finnen und schäumende Bäume brauchen Platz in riesigen Räumen.

Eine schwierige Arbeit!

1. Überlege dir zuerst Tiere oder Sachen und setze vor diese ein sich reimendes Zeitwort in der „________nd Form“:
   z. B. klopfende Tropfen, zitternde Zahlen, keimende Reime, ...
2. Dann lies dir den unteren Teil der Karteikarte durch. Du merkst, dass es sich um Zweizeiler handelt, die sich am Schluss reimen.
3. Nun versuche auch deine Paare zu reimen.
4. Das ist sogar für Erwachsene eine Schwierigkeit. Vielleicht brauchst du Hilfe.

Diese witzige und surreale Form des Kombinierens und Reimens können die Kinder meist nur mit Hilfe. Sie finden aber durchaus mutige Reimpaare und haben erfahrungsgemäß große Freude, wenn sie den Trick durchschaut haben.

Eher für sprachbegabte Kleingruppen geeignet.

21 GEDICHTE NACH EINEM BAUPLAN

(vgl. Grundschulmagazin 10/2000 , S. 15 ff)

Sonne
Sonne und Hitze
Hitze
Hitze und Durst
Schweiß
Schweiß und Durst
Schweiß und Hitze und Durst und
eine Fata Morgana

apples
apples and pears
plums
plums and lemons
apples
apples and lemons
apples and pears and lemons
oh fruit salad

1. Lies das Gedicht auf der Vorderseite halblaut vor.
2. Du spürst sicher, dass es einen besonderen Rhythmus hat.
3. Überlege dir dein Thema, z.B. Tiere, Fahrzeuge, Dinge, die du gerne hast,...
4. Die letzte Zeile sollte einen pfiffigen Abschluss bilden.

L Diese Gedichtform hat einen einfach nach zu vollziehenden Bauplan. Es empfiehlt sich diesen vorzugeben oder ein Modellgedicht (z.B. an die Tafel) zu schreiben, das gerade zum Thema des Tages passt.

Aus meiner Erfahrung gibt es fast kein Thema des Sachunterrichts, das sich nicht mit diesem Gedicht bereichern ließe. Wenn die Kinder den Bauplan kennen, werden sie gerne in der Freiarbeit oder zur frei gewählten Aufgabe diese Gedichte ohne weitere Anleitung verfassen.

Wie auf der Vorderseite ersichtlich ist das „Reimen" auch auf Englisch möglich.

22 LUSTIGE WÖRTER und die dann noch gereimt

Klappe	Kluppe
Zuckerldose	Muckerlhose
Flimmerkiste	Zimmerliste
Kummerspeck	Vogeldreck
Dreieck	Bauchfleck
Mikrowelle	Makrozelle
Springschwanz	Ringtanz
Erdläufer	Quersäufer
Polsterzipf	*Reimt mit nix*
Blasebalg	Nasenkalk
Multiplikation	Kitzelposition
Strichmaxerl	Riechhaxerl
Pferdeäpfel	Nasentröpfel

1. Suche zusammengesetzte Namenwörter, die du witzig findest.
2. Schreibe sie untereinander auf.
3. Versuche darauf einen Reim zu machen, indem du sie ordentlich verdrehst.
4. Manchmal musst du dafür sehr kreativ sein und auch Wörter erfinden, die es vielleicht noch gar nicht gibt.
5. Lies deine Wortsammlung <u>rhythmisch</u> jemandem vor.

L Es gibt bestimmte Wörter, die Kinder in der Altersgruppe zwischen fünf und zehn Jahren meistens witzig finden.

Wörter wie *Unterhose* oder *Luftballon* „reizen" und lösen mitunter kreative Wortspielereien aus.

Wie bei den meisten Aufgaben werden auch bei dieser Reimform einige Kinder Hilfe benötigen, andere vor Witz und Kreativität sprühen.

23 WECHSTABEN VERBUCHSELN

Wenn ich zu Fittag mernsehe, dann merde ich immer wüde.
Dann schehe ich meistens glafen.
Doch menn wein Zruder dann ins Bimmer kommt und waut ist, lache ich auf!
Oft iin bich dann behr sös auf ihn.

Vebor ich abends ins Gett behe, nuss ich moch siele Vachen machen.
Ich muss mich woch naschen und mir die Pähne zutzen.
Zanach dieh ich pen Dyjama an.
Kann dann ech indlich gafen schlehen.

1. Hast du beim halblauten Vorlesen gemerkt, was bei diesem Text passiert ist?
2. Hast du herausgefunden, welche Buchstaben unterstrichen wurden und warum?
3. Wenn ja, dann probiere es beim zweiten Teil des Textes selber.
4. Wenn nein, lies nochmals und du wirst den Trick durchschauen.
   Schreibe einen eigenen kurzen Text, z.B. was du gerade getan hast oder gerade tust, und lasse immer eine Zeile frei.
5. Dann vertausche die Anfangsbuchstaben von je zwei Wörtern.

Hast du gut gewechselt? *(Hast gu dut gewechselt?)*

L

Es empfiehlt sich, den Kindern einen Impulstext mit verwechselten Buchstaben vorzulesen und sie zu bitten diesen Text richtig zu stellen.
Vielleicht ist es auch nötig, mit einzelnen Wörtern das „Wechstaben verbuchseln" zu üben.

Diese Arbeit ist eher für sprachbegabte Kinder geeignet.

24 BESONDERE GRUSS- und WUNSCHFORMELN

Alles Gute zum Geburtstag! Alles Stinkige zum Furztag!

Guten Rutsch ins neue Jahr! Guten Flutsch mit neuem Haar!

Schönen Namenstag! Schönen Rahmensarg!

Amüsanten Flug! Nur keinen Betrug!

Gute Noten! Schmutzige Pfoten!

Guten Tag ! Guten Schlag!

Zu bestimmten Zeiten wie Weihnachten, Schulschluss oder Geburtstag wünschen die Menschen einander allerlei.

1. Mache zuerst eine Liste von Wünschen und Grußformen, die dir geläufig sind.
2. Nun versuche diese ein bisschen zu verändern.
3. Es darf ruhig ein bisschen Unmögliches dabei entstehen.

L

Viele Kinder zwischen fünf und zehn Jahren sind zumeist schon gefordert, wenn man sie wenig gebräuchliche Grußformeln und Wünsche formulieren und sammeln lässt.

Sie lustig zu verändern, erfordert kreatives Potential und macht Sprachbegabten sicher großen Spaß.

25 HAIKU - EINE JAPANISCHE GEDICHTFORM

Regenbogentag
ganz besonderes Wetter
Sonne plus Regen

銭

Gedichte machen
was mit dir und mir, natürlich
auch nicht nur viel Spaß

俸

Zaubern möcht ich gern
auf `nem fremden schönen Stern
der Tag ist noch fern

採

Haikus kommen ursprünglich aus Japan. Dort merken sich Kinder viele schwierige Informationen, in dem sie diese in Haikus verpacken.
Für Haikus musst du herausfinden, was eine Silbe ist.

1. Klatsche deinen Namen. Klatsche die Haikus auf der Vorderseite!
2. Du hast sicher bemerkt, dass du in jeder ersten Zeile 5 Mal klatschen kannst, in der zweiten Zeile 7 Mal und in der dritten Zeile wieder 5 Mal.
3. Dann schreibe auf: 5-7-5. Das ist der Silbenplan.
4. Denke dir ein Thema aus, das dich im Moment bewegt.
5. Haikus müssen sich nicht unbedingt reimen. Schaffst du auch noch einen Reim, so ist das eine besondere Leistung.

L

Haikus eignen sich auch für Kinder, die nicht außergewöhnlich sprachbegabt sind. Es geht vorrangig um´s Silbenerkennen, Silbenzählen und erst dann um´s Reimen.

Besonders mathematisch orientierte Kinder kommen damit sehr gut zurecht. Es wird geklatscht, gezählt und kontrolliert.

26 ELFCHEN

Verkehr

laut
lange Schlange
Bleiben wir stecken
ich finde den Lärm
ohrenbetäubend

Winter

eiskalt
schneeweiße Landschaft
Eisblumen auf dem Fenster
Ich finde sie
zauberhaft

„Elfchen" heißen so, weil sie eigentlich aus elf Wörtern bestehen sollten.
Es macht aber gar nichts, wenn du mehr oder weniger Wörter hast.
Elfchen sollten so klingen, als hätten Elfen sie erdacht.
Sie haben folgenden Bauplan:

1. Denk dir ein Thema aus: Freunde, Sport, Sommertag, Haustiere, ...
2. Schreibe auf dein Blatt das Thema und dann untereinander 1,2,3,4,5.
3. In die 1. Zeile schreibe ein Wort, das dir spontan zu deinem Thema einfällt.
   In die 2. Zeile schreibe ein Eigenschaftswort und ein Namenwort.
   In die 3. Zeile mache eine Aussage: was geschieht, wie etwas aussieht, sich anspürt,...
   In die 4. Zeile schreibe einen Satz, der mit ICH beginnt.
   In die 5. Zeile schreibe ein Abschlusswort.
4. Zähle deine Wörter. Vielleicht musst du noch ein bisschen „herumfeilen".

L

Elfchen sind ab der 2. Schulstufe mit allen Kindern machbar, spätestens wenn Kinder Eigenschafts- und Namenwörter unterscheiden können. Diese Gedichtform eignet sich ideal z.B. für Muttertag, den ersten Schneefall oder für den Abschluss eines Themenkreises.

---

27 Es war einmal und ist nicht mehr....

Es war einmal ein Mann,
der hatte einen Plan.
Der Plan, der war ihm viel zu gut,
da trank er noch mehr Blut.

Das Blut war ihm zu sauer,
da sprang er auf die Mauer.
Die Mauer war ihm viel zu hart,
da schnitt er sich den Bart.

Der Bart war ihm zu kurz,
da ließ er einen *Furz.*
Der Furz, der war ihm doch sehr laut,
da ging er zu der Braut.

Die Braut war ihm zu fett,
da rannt´ er aus dem Bett.
Das Bett, das war ihm viel zu fein,
da kauft´ er sich ein Schwein.

Das Schwein, das war ihm viel zu schwer,
da nahm er einen Speer.
Der Speer, der war ihm viel zu spitz,
da macht´ er einen Witz.

Der Witz war ihm zu blöd,
da wurd´ ihm ja gleich öd.
Vom Ödsein wurd´ ihm ganz schön schlecht,
da sah er einen Specht.

Der Specht war ihm zu grau,
da schlachtet er ´ne Sau.
Die Sau, die war ihm viel zu zäh,
da macht´ er einen Schmäh.

Der Schmäh war ihm zu ……
………

1. Vielleicht kennst du das Lied/Gedicht
   „Es war einmal ein Mann, der hatte einen Schwamm", z.B. aus Palette 3-4.
   Dieses Gedicht hat viele lustige Strophen, und zum Schluss fährt der Mann aus der Haut.
2. Lies dir das Gedicht, das man auch singen kann, auf der Vorderseite gut durch.
3. Beginne auch deine Geschichte mit *„Es war einmal...."*
4. Versuche einen witzigen Schluss zu finden.

L

Es empfiehlt sich, das Ursprungsgedicht/Lied den Kindern vorzustellen, und sie auf die Reimform aufmerksam zu machen.
Kinder durchschauen sehr schnell den Witz und die Versform.

28 AUSZÄHLREIME - SELBST ERDACHT

Auf dem Klavier steht ein Glas Bier,
wer darauf spielt, der schielt.

Auf der Gitarre liegt `ne Zigarre,
wer sie raucht, stinkt auch.

Auf der Flöte sitzt eine Kröte,
wer sie küsst, der wird vermisst.

Auf der Trompete liegt viel Knete,
wer draus was macht, an den wird gedacht.

Auf dem Xylophon liegt ein schwacher Ton,
wer den Ton hört, der stört.

Im Orchester sitzt meine Schwester,
wer mit ihr spricht, ist ein Wicht.

Auf der Violine sitzt eine Biene,
wer sie berührt, der spürt!

1. Beginne jeden Reim mit

   AUF ...... oder IM ......

2. Suche auf das letzte Wort ein Reimwort,
   z.B. Auf einem *Computer*
   lag ein Stück *Butter*, ...

3. Die zweite Zeile beginne mit: WER ......, DER ......

4. Überlege, was dann geschieht.

5. Beim Reimen hast du völlige Freiheit. Alles kann geschehen.

L

Der Bauplan dieser Reime wird von den Kindern schnell verstanden. Sie eignen sich hervorragend als Auszählreime.

Es empfiehlt sich, die entstandenen Reime nicht nur aufzuschreiben, sondern sie in kleinen Spielen anzuwenden.

29 In der Stadt

In einer *grauen grauen* Stadt
war eine *graue graue* Straße.
In dieser *grauen grauen* Straße
stand ein *graues graues* Haus.
In diesem *grauen grauen* Haus
war ein *graues graues* Zimmer.
In diesem *grauen grauen* Zimmer
stand ein *grauer grauer* Stuhl.
Auf diesem *grauen grauen* Stuhl
saß ein *grauer grauer* Mensch.
Er streckte eine *graue graue* Hand aus
und schaltete den Farbfernseher ein.

In einer ________________ Stadt
war eine ________________ Straße.
In dieser ________________ Straße
stand ein ________________ Haus.
In diesem ________________ Haus
war ein ________________ Zimmer.
In diesem ________________ Zimmer
stand ein ________________ Stuhl.
Auf diesem ________________ Stuhl
saß ein ________________ Mensch.
Er streckte eine ________________ Hand aus
und ________________ .

1. Lies dir das graue Gedicht auf der Vorderseite durch. So kann das doch nicht bleiben.
2. Mache daraus ein buntes, fröhliches, besonderes Gedicht, in dem du die *grauen grauen* Wörter durch bunte ersetzt.
3. Vielleicht schaffst du es, einen eigenen z.B. *kalten, kalten* oder *weißen, weißen* Text zu schreiben.
4. Findest du jemanden aus deinem Umfeld, der deinen Text „verbessert"?

L

Diese Übung kann helfen den Kindern deutlich zu machen, wie wichtig Eigenschaftswörter zur Gestaltung und Verbesserung eines Textes sein können. Es empfiehlt sich, auch weitere Texte anzubieten oder selber erfinden zu lassen.

Beispiel:

In einer dunklen dunklen Nacht
ritt ein dunkles dunkles Pferd
mit einem dunklen dunklen Reiter
zu einem dunklen dunklen Schloss.
Der dunkle dunkle Reiter
trat durch die dunkle dunkle....

Zur Literatur

Die unten angeführten Bücher verhalfen mir zu schönen, kreativen Stunden mit Kindern unterschiedlichen Alters und unterschiedlicher Begabung.
Gedichte nicht auswendig lernen zu müssen, sondern sie voll Lust an den Worten im Kopf zu behalten sollte ein Ziel eines begabungsfördernden Sprachunterrichts sein.

Beim Dichten verhält es sich wie bei so vielen Dingen: Einmal erfolgreich damit begonnen, lässt es einen nicht mehr los und geht nach kurzer Zeit wie von selbst.

Helfen Sie Ihren Kindern diese wunderbare Erfahrung zu machen!

Anger-Schmidt, G.,Antoni, B.: **Alles in Butter, liebe Mutter**. Dachs Verlag, 1998.
Anger-Schmidt, G.,Antoni, B.: **Sei nicht sauer, meine Süße**. Dachs Verlag, 1997.
Bydlinski, G., Antoni, B.: **Der neue Wünschelbaum**. Dachs Verlag, 1999.
Jatzek, Gerald: **Allerleischlau.** Jugend & Volk, 1989.
Liebe Lieder, freche Lieder. Beltz Verlag.
Grundschulmagazin 10/2000.
Praxis Compact 10/2000.

Produkte aus dem Verlag Lernen mit Pfiff

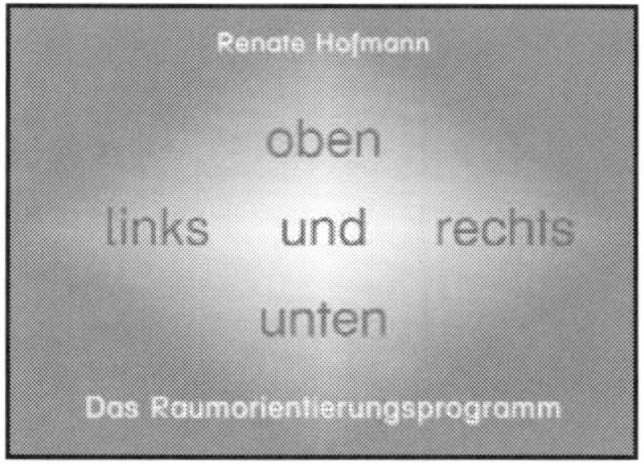

Renate Hofmann

Oben und unten, links und rechts

In spielerischer Form lernt das Kind sich zunächst am eigenen Körper, danach im Raum zu orientieren.

ISBN 3-902285-04-4
Preis: 149,90 Euro

Maria Götzinger-Hiebner

Aufsatz schreiben - Schritt für Schritt
Bildgeschichten-Erlebniserzählungen-...

Texte schreiben kann man lernen! Ein sicherer Wegweiser von der Bildgeschichte zur Fantasie- und Erlebniserzählung - für Schule und Elternhaus, Nachhilfe und Förderkurse.

ISBN 3-902285-08-7
Preis: 7,90 Euro